P9-CRY-982

Conoce
Perú

Robin Johnson y Bobbie Kalman
🍄 Crabtree Publishing Company
www.crabtreebooks.com

Creado por Bobbie Kalman

Dedicado por Robin Johnson
Para Carmine y Laura, con amore

Editora en jefe
Bobbie Kalman

Equipo de redacción
Robin Johnson
Bobbie Kalman

Editor
Michael Hodge

Investigación fotográfica
Robin Johnson
Crystal Sikkens

Diseño
Katherine Kantor
Samantha Crabtree (portada)

Consultor lingüístico
Dr. Carlos García, M.D., Maestro bilingüe de Ciencias, Estudios Sociales y Matemáticas

Coordinadora de producción
Katherine Kantor

Ilustraciones
William Band: borde, páginas 18 (parte superior izquierda y derecha y parte inferior), 19, 20
Katherine Kantor: páginas 4, 5, 8, 18 (centro)
Bonna Rouse: página 17

Fotografías
© Dreamstime.com: páginas 14 (parte superior), 25 (parte superior izquierda)
© iStockphoto.com: contraportada, páginas 8, 9 (parte superior), 17 (parte superior), 24 (parte superior), 27 (parte superior derecha), 28 (cebiche y maíz), 31 (parte superior)
© 2008 Jupiterimages Corporation: página 12 (parte superior)
© Shutterstock.com: portada, páginas 1, 3, 4, 5, 6, 7, 9 (recuadro), 10, 11, 12 (parte inferior), 13, 14 (parte inferior), 15 (parte inferior), 16 (parte superior), 17 (parte inferior), 19, 20-21, 22, 23, 24 (parte inferior), 25 (todas excepto la parte superior izquierda), 26, 27 (parte superior izquierda y parte inferior), 28 (papas y hombre), 29 (todas excepto los ajíes rojos picantes), 30, 31 (parte inferior)
Otras imágenes por Comstock y Corel

Traducción
Servicios de traducción al español y de composición de textos suministrados por translations.com

Library and Archives Canada Cataloguing in Publication

Johnson, Robin (Robin R.)
  Conoce Perú / Robin Johnson y Bobbie Kalman.

(Conoce mi país)
Translation of: Spotlight on Peru.
Includes index.
ISBN 978-0-7787-8194-3 (bound).--ISBN 978-0-7787-8214-8 (pbk.)

  1. Peru--Juvenile literature. I. Kalman, Bobbie II. Title. III. Series: Conoce mi país

F3408.5.J6418 2010   j985   C2009-902446-2

Library of Congress Cataloging-in-Publication Data

Johnson, Robin (Robin R.)
  [Spotlight on Peru. Spanish]
  Conoce Perú / Robin Johnson and Bobbie Kalman.
    p. cm. -- (Conoce mi país)
  Translation of: Spotlight on Peru.
  Includes index.
  ISBN 978-0-7787-8214-8 (pbk. : alk. paper) -- ISBN 978-0-7787-8194-3
(reinforced library binding : alk. paper)
  1. Peru--Juvenile literature. I. Kalman, Bobbie. II. Title. III. Series.

F3408.5.J6418 2010
985--dc22
                                    2009016820

Crabtree Publishing Company

www.crabtreebooks.com   1-800-387-7650

Publicado en Canadá
Crabtree Publishing
616 Welland Ave.
St. Catharines, Ontario
L2M 5V6

Publicado en los Estados Unidos
Crabtree Publishing
PMB16A
350 Fifth Ave., Suite 3308
New York, NY 10118

Publicado en el Reino Unido
Crabtree Publishing
White Cross Mills
High Town, Lancaster
LA1 4XS

Publicado en Australia
Crabtree Publishing
386 Mt. Alexander Rd.
Ascot Vale (Melbourne)
VIC 3032

Contenido

¡Bienvenidos a Perú!

Perú es un pequeño **país** ubicado en América del Sur. Un país es una zona de tierra en donde viven personas. Tiene **leyes** o reglas que las personas deben cumplir. Un país también tiene **fronteras** o líneas imaginarias que lo separan de otros países. Perú comparte sus fronteras con otros cinco países. Busca a Perú y a sus vecinos en este mapa.

Colombia y Ecuador están al norte de Perú.

COLOMBIA

ECUADOR

PERU

BRASIL

BOLIVIA

CHILE

N

O — E

S

Brasil y Bolivia están al este de Perú.

OCÉANO PACÍFICO

Chile está al sur de Perú.

El océano Pacífico está en la **costa** *oeste de Perú. Una costa es donde la tierra se encuentra con el océano.*

costa

OCÉANO ATLÁNTICO

4

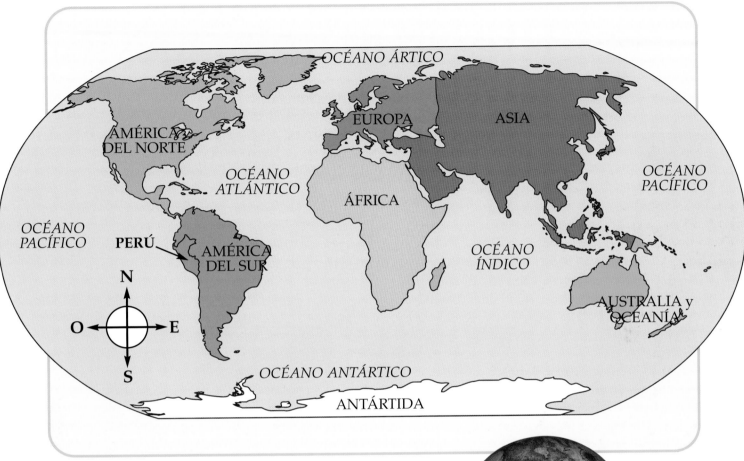

OCÉANO ÁRTICO

EUROPA

ASIA

AMÉRICA DEL NORTE

OCÉANO ATLÁNTICO

OCÉANO PACÍFICO

ÁFRICA

OCÉANO PACÍFICO

PERÚ

AMÉRICA DEL SUR

OCÉANO ÍNDICO

N

O — E

S

AUSTRALIA y OCEANÍA

OCÉANO ANTÁRTICO

ANTÁRTIDA

Perú, ¿dónde estás?

Perú está ubicado en la costa del Pacífico de América del Sur. América del Sur es un **continente**. Un continente es una zona de tierra inmensa. Los otros continentes son América del Norte, Europa, Asia, África, Antártida y Australia y Oceanía. En el mapa de arriba se muestran los siete continentes.

Las personas de Perú

La **población** de Perú es de más de 28 millones de personas. La población es la cantidad de personas que viven en un país. Cerca de la mitad de la población de Perú está compuesta de **nativos**. Los nativos son las primeras personas que vivieron en un lugar. Muchos nativos de Perú hablan un idioma llamado **quechua**. La mayoría de los **peruanos** o personas que viven en Perú hablan español.

Muchos nativos de Perú practican sus costumbres ***tradicionales***. *Usan la misma clase de vestimenta y hacen las mismas artesanías que hacían sus* ***ancestros*** *hace mucho tiempo.*

Otros peruanos se visten en el estilo actual y tienen vidas modernas.

Algunas familias en Perú tienen muy poco dinero. Los niños deben dejar la escuela y trabajar para ayudar a mantener a sus familias. Otras familias peruanas son ricas. Tienen niños que van a **escuelas privadas**. Viven en casas grandes y llevan vidas cómodas. Las niñas en la foto de abajo asisten a una escuela privada en Perú.

Las personas que se ven en estas páginas no tienen la misma apariencia, pero todas son peruanas.

Hay muchos peruanos jóvenes. Casi un tercio de las personas que viven en Perú son menores de 15 años.

El territorio de Perú

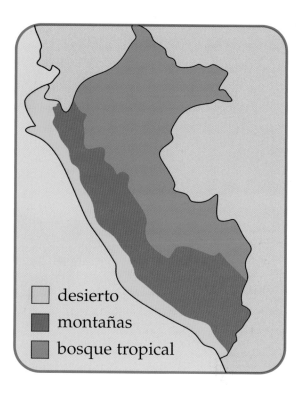

desierto
montañas
bosque tropical

Las montañas de los Andes pasan por el centro de Perú. Dividen el país en tres **regiones** o áreas. La región montañosa está compuesta de colinas, **valles** y zonas con pastos. La región que se encuentra al oeste de las montañas es una zona **desértica** en la costa. La región que se encuentra al este de las montañas forma parte del **bosque tropical** del Amazonas. Un bosque tropical es un bosque denso en donde llueve mucho. El Amazonas es el bosque **tropical** más grande del mundo.

*Muchas personas viven en las **tierras altas** en la región montañosa de Perú. Las tierras altas son zonas de tierra en las montañas o alrededor de estas. El **clima** en las tierras altas es templado. La tierra es buena para la agricultura.*

La mayoría de las personas en Perú viven en las costas. Las costas de Perú son **escabrosas** o accidentadas. Son demasiado secas y las plantas no pueden crecer. Sin embargo, en algunas partes de la región fluyen ríos. Las plantas crecen mucho cerca de los ríos porque hay agua debajo de la tierra.

Esta rana payaso vive en el bosque tropical.

El bosque tropical de Perú cubre más de la mitad del país, pero muy pocas personas pueden vivir allí. Los bosques tropicales tienen ríos peligrosos y una densa **vegetación** o vida vegetal. Es difícil viajar de un lugar a otro. En el bosque tropical viven muchas **especies** o clases de plantas y animales.

Plantas y animales

En las diferentes regiones de Perú viven diversas clases de plantas y animales. En el bosque tropical viven muchas plantas y animales. Otros viven en las tierras altas montañosas o en la costa del océano Pacífico. Las plantas y los animales de Perú están adaptados a su **hábitat** o los lugares naturales donde viven.

Las palmeras crecen en la costa de Perú.

La vida con las llamas

Las llamas son animales importantes en Perú. Las personas ancestrales de los Andes domesticaron las llamas hace unos 5,000 años. Desde entonces, los **montañeses** han usado las llamas para transportar objetos hacia las montañas y desde allí. Hacen ropa y mantas con la **lana** o el vellón de las llamas y queman los excrementos de llama como combustible. Los montañeses también usan las llamas como fuente de alimento.

Los pingüinos de Humboldt construyen nidos en las costas rocosas de Perú y nadan en el océano Pacífico.

vaina de cacao

En el bosque tropical de Perú crecen árboles de cacao. Los frutos se llaman **vainas**. Las vainas de cacao se usan para hacer chocolate.

En el bosque tropical del Amazonas hay miles de clases de plantas y animales. Muchos están en **peligro de extinción**. Las plantas y los animales en peligro de extinción corren el riesgo de desaparecer. Este mono uacarí calvo es un animal en peligro de extinción que vive en el bosque tropical del Amazonas.

11

Aldeas y granjas

En el campo de Perú hay miles de **aldeas**. Las aldeas son pueblos pequeños. La mayoría de las aldeas están en las tierras altas montañosas. Algunas aldeas nativas se encuentran en el bosque tropical de Perú. Las aldeas en el bosque tropical se ubican a lo largo del borde del Amazonas y de otros ríos.

Este hogar se encuentra en el borde del bosque tropical. Está a la orilla del río Amazonas.

*Esta aldea está en la isla de Amantaní. Amantaní está en el lago Titicaca. Las personas cultivan trigo, papas y otras plantas en las **terrazas** de las laderas. Las terrazas son escalones anchos y planos.*

Los granjeros peruanos cultivan papas, maíz, tomates, bananas, café y otros **cultivos**. Los cultivos son plantas que la gente utiliza. En Perú, la mayoría de las aldeas tienen mercados. En los mercados, las personas venden los cultivos que han cosechado. También venden ropa y **recuerdos**. Los recuerdos son artesanías que se venden a los visitantes.

Las ciudades de Perú

La mayoría de los peruanos viven en ciudades en las costas del océano Pacífico. Las ciudades son agitadas y llenas de gente. Hay muchas casas, tiendas y negocios. Arriba puedes ver la ciudad más grande de Perú, Lima. Cerca de un tercio de la población de Perú vive en esta agitada ciudad o en sus alrededores. Lima es la **capital** de Perú.

Iquitos es una ciudad ubicada en el bosque tropical de Perú. No hay carreteras que lleguen a esta ciudad. A Iquitos se puede llegar solamente en barco o avión.

La barriada

Muchas personas se trasladan a Lima desde las aldeas y granjas en las tierras altas. Lo hacen para buscar una mejor vida para sus familias, pero en Lima no hay suficientes empleos. Cerca de un millón de personas viven en una zona muy pobre de Lima llamada la **barriada**. Las casas en la barriada no tienen electricidad ni cañerías. Allí tampoco hay hospitales ni escuelas.

*La mayoría de las ciudades en Perú tienen **plazas**. Una plaza es un lugar público donde la gente se reúne. Esta hermosa plaza está en la ciudad de Arequipa.*

El gobierno

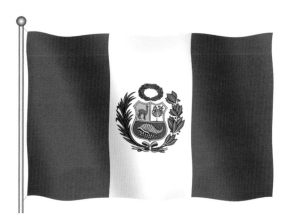

El **gobierno** principal de Perú se encuentra en Lima. Un gobierno es un grupo de personas que están a cargo de todo un país o de una parte. El gobierno dicta leyes y toma decisiones importantes para las personas de un país. El gobierno de Perú es una **república federal**. En una república federal, los ciudadanos del país **eligen** o escogen a sus líderes.

La bandera de Perú tiene una franja blanca entre dos franjas rojas. Algunas banderas tienen el **escudo de armas** *en el centro. Un escudo de armas es una imagen que representa las cosas que son importantes para las personas de un país.*

El **presidente** *vive en el Palacio de Gobierno. El presidente es el jefe del gobierno y el líder del país. El Palacio de Gobierno está en Lima, la ciudad capital de Perú.*

El voto para presidente

Las personas de Perú **votan** para elegir a sus líderes. Votar es elegir una persona de una lista de personas. El voto es **obligatorio**, lo que significa que las personas deben votar. Los peruanos eligen a un nuevo presidente cada cinco años.

Este niño tiene la bandera de Perú con el escudo de armas pintado en la cara.

El escudo de armas de Perú

El escudo de armas de Perú está formado por varios **símbolos**. Un símbolo es una imagen o una figura que representa otra cosa. La vicuña representa los animales de Perú. Es el animal nacional de Perú. El árbol de la quina representa las plantas de Perú. El cuerno que derrama monedas representa la gran cantidad de **minerales**, como el cobre, la plata y el zinc que se encuentran en Perú.

Los primeros pueblos

Las personas han vivido en Perú durante miles de años. Los primeros pueblos estudiaron matemáticas y **astronomía**, el estudio de las estrellas. Cazaban y pescaban para alimentarse. Sembraban maíz, papas, frijoles, calabaza y otros cultivos. Los chavines, los nazcas, los moches y los chimúes fueron algunas de las primeras **civilizaciones** en Perú. Una civilización es un grupo de personas que comparten el idioma, el gobierno, la **religión** y la historia.

Métodos antiguos de agricultura

Algunos de los primeros pueblos que vivieron en el desierto construyeron **acueductos**. Los acueductos son tubos que llevan agua de un lugar a otro. Las personas usaban los acueductos para transportar agua desde lo alto de las montañas. Con el agua podían sembrar cultivos en el desierto. Las personas que vivían en los Andes construyeron terrazas y allí sembraban cultivos.

Los granjeros han cultivado papas en los Andes por miles de años.

Los chimúes construyeron ciudades inmensas. Esta fotografía muestra las **ruinas** de Chan Chan, la ciudad capital de la civilización chimú. Chan Chan fue una vez una gran ciudad donde vivían muchos chimúes.

Los chavines fueron una de las primeras civilizaciones en Perú. Crearon estatuas de oro hermosas.

Los moches eran muy hábiles para hacer y pintar cerámicas. **Registraron** o contaron sus vidas en las tantas piezas hermosas de porcelana que hicieron.

Los nazcas vivieron en el desierto de Perú. Grabaron **geoglifos** en la arena. Los geoglifos son líneas y figuras inmensas que solo se pueden ver desde un lugar elevado. Nadie sabe por qué los nazcas grabaron estas figuras.

19

El imperio incaico

Los incas fueron la civilización más grande y poderosa del Perú. Desde 1438 hasta 1532, los incas lucharon contra otras civilizaciones y agrandaron su **imperio**. Un imperio es un grupo de personas o países que están gobernados por la misma persona o gobierno. El imperio incaico controlaba gran parte de América del Sur. Construyó grandes ciudades y gobernó a muchas personas.

El fin de los incas

En 1532, un explorador español llamado Francisco Pizarro llegó a Perú. Pizarro deseaba las riquezas y el poder de los incas. Mató al **Sapa Inca** y a millares de su gente. Los españoles luego se convirtieron en los nuevos líderes del imperio incaico.

El Sapa Inca era el gobernante del imperio incaico.

Los incas construyeron muchas obras de arte hermosas, como estas máscaras de oro.

Machu Picchu es una ciudad incaica muy vieja que se construyó en las montañas de Perú. Se conoce como la "ciudad perdida de los incas".

Reinado español

Los españoles gobernaron Perú durante más de 300 años. En ese tiempo, se apoderaron de las granjas y de los **recursos naturales** del país. Obligaron a los nativos a trabajar en las granjas y en las **minas** de oro y plata. Trataban mal a los trabajadores. Muchos nativos murieron en las minas. Muchos otros murieron de las nuevas **enfermedades** o dolencias que los españoles llevaron a Perú.

*Cuzco era la capital del imperio incaico. Los españoles la destruyeron y construyeron allí una nueva ciudad. Construyeron muchos edificios nuevos sobre los **cimientos** de los edificios viejos de los incas.*

La lucha por la libertad

La mayoría de los peruanos no querían que España los gobernara. Querían la **independencia** o ser libres para tener su gobierno propio. En 1780, Túpac Amaru II lideró a los incas en la primera **rebelión** contra España. Una rebelión es una lucha en contra de un gobierno. Hubo muchas rebeliones en Perú. El 28 de julio de 1821, Perú consiguió la independencia de España. El 28 de julio de cada año, las personas de Perú celebran su libertad y la de su país.

Una iglesia católica

*Hoy en día, la mayoría de los peruanos son **católicos**, pero muchos de los nativos aún practican sus antiguas religiones. Esta cruz muestra ambas creencias.*

La cultura de Perú

Hoy en día, la **cultura** de Perú es una mezcla de las costumbres españolas y nativas. La cultura es el conjunto de creencias, costumbres y formas de vida que comparte un grupo de personas. Las personas **expresan** o muestran su cultura mediante el arte, la música, el baile, los deportes, la vestimenta y la comida. En estas páginas se ven algunas de las formas en las que los peruanos expresan y celebran su cultura.

*La **zampoña** o flauta de pan es un instrumento de viento peruano muy antiguo. Está hecho de varios tubos que están unidos. Cada tubo es de un tamaño distinto y produce un sonido diferente.*

*La **marinera** es un baile tradicional popular. Es un baile elegante que se realiza con pañuelos.*

*El **charango** es el instrumento nacional de Perú. Este instrumento es como una guitarra pequeña. Generalmente lo hacen con caparazones de armadillo.*

*A los peruanos les encanta mirar y jugar **fútbol**. Es el deporte nacional de Perú. El fútbol llegó a Perú desde España hace cientos de años.*

¡Fiesta!

Los peruanos celebran su cultura con **fiestas**. Una fiesta es una celebración o un festival. En las fiestas hay desfiles, juegos, música y baile. Las personas se reúnen para comer, beber, bailar y divertirse. Esta máscara peruana se fabricó para un desfile de **carnaval**. El carnaval es una celebración que se realiza en febrero y que dura varios días.

25

El arte

El arte ha sido una parte importante de la cultura de Perú durante miles de años. Los peruanos nativos construían objetos hermosos y útiles con los materiales que tenían a su disposición. Muchos hábiles artesanos en Perú continúan hasta la actualidad esa **tradición**. En estas páginas aparecen algunos de los artistas peruanos y sus artesanías.

*Esta mujer nativa **hila** lana de llama para hacer hilo. Hilar es estirar y enrollar lana para hacer ovillos de hilo. El hilo se utiliza para tejer gorros, bufandas y suéteres abrigados de lana.*

*Cuando se termina de hilar, el hilo se **tiñe** o colorea. Menciona cinco colores que puedas ver en los hilos de arriba.*

*Esta mujer **teje** hilo para hacer tela. La tela se usará para hacer ropa y otros elementos.*

Las muñecas peruanas hechas a mano son famosas entre los **turistas**. Un turista es una persona que viaja a un lugar para aprender sobre el lugar y divertirse.

Este artista hace cerámicas similares a las que hacían los peruanos que vivieron hace mucho tiempo.

Estas artesanías coloridas se venden en un mercado de Perú.

Los sabores de Perú

La comida es otra parte importante de la cultura peruana. En tiempos ancestrales, la papa y el **choclo** o el maíz eran los alimentos más importantes. Las personas cocinaban papas en la cacerola y hacían estofados espesos. Cocinaban y comían maíz o lo usaban para hacer pan y **tamales**. También usaban maíz para hacer **chicha** o cerveza de maíz. Hoy en día, los peruanos combinan estos alimentos **básicos** con otros alimentos para crear todo tipo de platos deliciosos.

*El **cebiche** es una comida peruana tradicional. Se hace con trozos de pescado frío, que se adoban con zumo de limón. El cebiche se sirve con cebollas, batatas y ajíes rojos picantes.*

Este peruano cocina papas en un horno tradicional.

28

Esta mujer sirve té hecho con hojas de plantas.

Los tamales son masa cocida envueltas en hojas de maíz, rellenos con carne o vegetales.

Los ajíes rojos picantes se usan para condimentar muchos platos.

Este plato peruano se llama **causa limeña**. Se prepara con papas, huevos y camarones.

Las personas que viven cerca del océano comen muchas clases de peces. Estos peces están recién pescados.

Explora Perú

Cada año, turistas de todo el mundo visitan Perú. Si fueras un turista, ¿qué te gustaría ver? Atraviesa esta puerta para descubrir algunas de las maravillas de Perú. ¡Machu Picchu está al frente! Tal vez quieras dar un paseo. Lleva zapatos cómodos.

*Puedes recorrer el **camino del inca** hasta llegar a Machu Picchu. El camino del inca se extiende entre las montañas de los Andes. Los incas lo construyeron hace mucho tiempo. Lo usaban para transportar productos y mensajes de un lugar a otro. ¿Qué mensajes enviarías acerca de este lugar? Escribe una historia sobre tu paseo imaginario.*

mariposa
azul

El río Amazonas es el segundo río más largo de la Tierra. Nace en lo alto de las montañas de los Andes y fluye a través del bosque tropical del Amazonas. Puedes realizar una **excursión ecológica** para explorar el río y el bosque tropical. Podrás ver una hermosa mariposa azul en la excursión. ¿Qué más podrías ver?

Podrías visitar a los uros que viven en el lago Titicaca. Viven en pequeñas islas flotantes que construyen con **juncos**. Los juncos son hierbas altas y leñosas que crecen en el lago. Los uros también usan juncos para construir barcos, casas y muebles. El hombre que está en el bote te está invitando a dar un paseo en barco.

Glosario

Nota: Algunas palabras en negrita están definidas en el lugar que aparecen en el libro.

alimento básico (el) Alimento principal que se consume todos los días, como el maíz

ancestro (el) Un familiar que vivió hace mucho tiempo

capital (la) La ciudad en donde se encuentra el gobierno principal de un país

católico Una persona que pertenece a la Iglesia Católica Romana

cimientos (los) La base sobre la que se construye una estructura

clima (el) El tiempo habitual en un área

cultivo (el) Las plantas que las personas cultivan para comer y para otros usos

desierto (el) Un área en donde llueve muy poco

escuela privada (la) Una escuela que cobra dinero a los estudiantes

excursión ecológica (la) Una excursión a un lugar natural en donde las personas aprenden sobre el medio ambiente

mina (la) Una extensa zona excavada o bajo la tierra que tiene minerales

mineral (el) Una sustancia inerte que se encuentra generalmente dentro de las rocas

montañés (el) Una persona que vive en la zona de tierras altas

quechua El idioma y el nombre de un grupo de nativos descendientes de los incas

recurso natural (el) Algo que se encuentra en la naturaleza y que es útil o de valor para las personas

religión (la) Un conjunto de creencias compartidas acerca de Dios o dioses

ruinas (las) Edificios y otras partes de una civilización que permanecen tras la destrucción de dicha civilización

tejer Crear una prenda uniendo hilos o tela

tradición (la) La transmisión de las costumbres y creencias de hace muchos años

tradicional Palabra que describe aquello que se ha practicado durante muchos años

tropical Palabra que describe un clima caluroso y húmedo

valle (el) Zona baja de tierra que se encuentra entre colinas

Índice

Impreso en China — CT